官箴荟要

十

线装书局

目录

康济谱卷六　风节

洋洋湛湛，感人则疾。侃侃訚訚，持己斯立。于诗有之，柔嘉维则。次风节第六。

潘鳞长氏曰：士人一冠进贤，所肩荷者，民生国计之重，所维挽者，天下万世之远且大也。此而可以委靡苟且承之乎？《大易》有云：『风以散之。』又曰：『挠万物者，莫疾乎风。』故君子比德焉，足以廉顽立懦，奋乎百世之上。后有闻者，莫不兴起，繇其感人甚深也。若夫节之为义，本古瑞信，掌守操制而辨其时用。故《易·彖》曰：『天地节而四时成，节以制度，不伤财，不害民。』《象》曰：『泽上有水，节，君子以制数度，议德行。』必也安则亨，甘则吉。虽苦节贞凶，然终得悔亡之道。夫惟节之时用大也，节以信之而化邦之孚可致。节之替也，风斯下矣，非

中正君子，孰振其颓者乎？

朱云令槐里。安昌侯张禹以帝师位特进，依违任事，甚尊重。云上书求见，公卿在前。云曰：『今朝廷大臣上不能匡主，下无益于民，皆尸位素餐，孔子所谓「鄙夫不可与事君」者也。臣愿赐上方斩马剑，断佞臣一人以厉其余。』帝问：『谁？』对曰：『安昌侯张禹。』帝大怒曰：『小臣居下讪上，廷辱师傅，罪死不赦！』御史将云下，云攀殿槛，槛折。云呼曰：『臣得下从龙逄、比干游于地下，足矣！未知圣朝何如耳？』于是左将军辛庆忌免冠解印绶，叩头殿下，帝意乃释。及当治槛，帝曰：『勿易！葺之，以旌直臣。』云自是之后不复仕，常居鄠田，时出乘牛车从诸生，所过皆敬事焉。

潘鳞长氏曰：按：朱云，字游，解仕，居鄠田，往见

丞相薛宣，宣礼之，从容谓游曰：『在田野无事，且留我东阁，可以观四方奇士。』游曰：『小生乃欲相吏耶？』宣不敢复言。休休之度、谔谔之节，两足以观矣。彼张禹者，借罕言命不语怪神为止德，以洁斋露著之吉凶为悲喜，真有愧于师傅也。石守道诗云：『空留折槛旌忠直，左右何尝去佞臣。』此成帝之案也。又曰：朱云者，奇节之士、能养浩然之气者也！萧望之召致廷尉，云劝之自裁，于是饮鸩而死。盖汉自高帝以来进退大臣，鲜克由礼，当其有罪，则输之司寇，编之徒官，以狱吏之微，亦得持三尺法而鞭笞之，如奴隶然，甚非所以重名器而尊贵臣之道也。云之此举，有益于国体大矣。因论前事，并及之。

贾琮刺冀州。旧制，传车骖驾，垂赤帷裳，琮曰：『刺史当广视远听，纠察美恶，岂可垂帷裳以自蔽乎？』乃命御者搴之。郡县震竦，其赃过者，望风解印绶去。

盖宽饶擢司隶校尉，刚直敢言，弹劾不避权位。谏大夫郑昌颂曰：『进有忧国之心，退有死节之义。上无许、史之属，下无金、张之援，亦不愧司直矣。』

王丽青氏曰：吾观盖公酌许伯第，仰屋而叹谓富贵无常，唯谨慎者得久，因劾长信少府沐猴之舞，何其直也。时方信中官用法律，宽饶奏封事无所避，真有忧国之心者。第引《易·传》语，未免稍过，卒为文吏所诋挫。然谏大夫颂之，阙下怜之，虽死可无恨矣。

张纲少负气节，官御史，埋轮都亭，曰：『豺狼当道，安问狐狸！』遂劾梁冀奸状。时张婴寇广陵，冀乃出纲为广陵守。有论载《弭盗卷》中。

董宣相北海。大姓公孙丹造宅，而卜工以为当有死者，丹乃命子杀道行人，置尸舍内以塞其咎。宣知，即收丹父子杀之。丹宗族三十余人，操兵诣府，宣并置重辟。论者谓宣太滥，诏逮廷尉，宣面无忧色。及当出刑，官属具馔以送，宣厉声曰：『生平不妄食人一物，况死乎？』谢去。寻赦免。

金孝章氏曰：少平在当时虽搏击豪强，过于酷烈。使天子有『强项』之称，京师有『卧虎』之号。然卒致枹鼓不鸣，权势敛迹，亦其效也。及卒之日，诏使临视，唯见布被覆尸，妻子对哭，有大麦数斛、敝车一乘而已。其刚洁如此，岂以死为惮，又岂肯妄食人一物者哉？史称其诣廷尉时，在狱第晨夕讽诵，固知其去俗吏远矣。

吴树令宛，之官，辞大将军冀，冀宾客布在县界，以情托树。树对曰：『小人奸党，比屋可诛。明将军以椒房

之重，处上将之位，宜崇贤善，以补朝阙。宛称大都士薮，自侍坐以来，未闻称一长者，而托非人，诚非敢闻！』冀嘿然不悦。树到县，遂诛杀冀客为人害者十数人，境内肃然。

潘鳞长氏曰：危正之言，使人敛襟而听。若大将军座客尽若树其人者，宁遂跋扈至此邪？当时上书弹冀者，更有汝南袁著一人，而亦不免于死，余皆侧目而已。及冀败，所逮公卿以下死者数十人，故吏宾客免黜者三百余人，朝廷为空。噫，势利之于人甚矣哉！

杜密相北海。其宦官子弟为令长有奸恶者，辄捕案之。行春到高密县，见郑玄为乡佐，知其异器，即召署郡职，卒遣就学。后密去(官)还家，每谒守令，多所陈托。同郡刘胜亦自蜀归里，闭门扫轨，无所干及。太守王昱谓密

曰：『刘季陵清高士，公卿多举之者。』密知昱激己，对曰：『刘胜位为大夫，见礼上宾，而知善不荐，闻恶无言，隐情惜己，自同寒蝉，此罪人也。今志意力行之贤而密达之，违道失节之士而密纠之，使明府赏刑得中，令闻休扬，不亦万分之一乎？』昱惭服。

潘鳞长氏曰：杜密刘季陵之对，语甚激切，真耻同寒蝉者，而昱竟惭服，昱亦可谓谦衷有容者矣。观此则世之居乡者，攘臂以争意气，当官复缄，嘿以避是非，斯又杜密所谓隐情惜己之罪人也。

陈蕃年十五，尝闲处一室，而庭宇芜秽。父友薛勤至，谓蕃曰：『孺子何不洒扫以待宾客？』蕃曰：『大丈夫处世当扫除天下，安事一室乎？』勤知其有清世志，甚奇之。初举孝廉，刺史周景辟为别驾从事，以谏诤不合，

投劾而去。太尉李固表荐迁守乐安。时李膺刺青州，有威名，属吏闻风皆引去，蕃独以清绩留。郡人徐穉高洁之士，前后守招莫至，惟蕃能致之。特为置一榻，去则悬之。大将军梁冀威震天下，时遣书诣蕃，有所请托，不得通，使者诈求谒，蕃怒，笞杀之。

潘鳞长氏曰：子读史至陈蕃劾梁冀，诛宦官事，未尝不叹其有扫除天下之志。惜其植根未固，徒为诛锄之计，遂使力与志违，卒为邪党所鱼肉。而又怪夫后之论者，不肯为蕃恕，乃有『汉叶将谢陈、窦，扶起翻为振落』之语，岂不悲哉！善乎，考亭氏之言曰：『后人据纸上语指点前人甚易，不知事到手头实要处，断毫发之间，便有成败，不是容易事。若使当日只诛首恶一二人，后来未必不取王允五王之祸也。』此论可谓恕而公矣，尚论者当于此

取法焉，庶瑕瑜不相掩耳。

臧洪守东郡，曹操攻张超急，超曰：『臧洪必来救我。』或曰：『袁、曹方睦，而洪为绍所用，恐不能败好赴难。』超曰：『子源天下义士，终非背本者也。』洪闻，即奋戈以往，从袁绍请兵不应，遂绝交。绍怒围洪，城中粮尽，掘鼠煮筋角以食。主簿出内厨米斗许，请为粥，洪曰：『何忍独甘此耶？』使作薄糜，遍颁士众，至死勿有叛心。城陷，洪骂绍不屈，遂被害，士卒莫不怜之。

潘麟长氏曰：昔人论臧洪者，或谓忿悁之师，兵家所忌，可谓怀哭秦之节，存荆则未闻也。或谓袁、曹方睦，绍之不听未为过，而洪之绝绍为不量彼此。或谓洪实游侠之靡，非臣子之义。以余观之，诸论洪者皆不寻其端者也。夫洪之始举事也，谓超曰：『诛国残贼，为天下倡义。』

其会兖、豫刺史而盟也，曰：『齐心一力，以致臣节，殒身丧元，必无二志。』此其志岂独为一超哉？其路绝而依绍，城陷而绝绍，宁死而不屈绍，皆以毕此志耳。当其时，藉令绍出援师，则超不死，杀卓，以延汉，事未可知，存荆之业何有乎？如是而曰游侠之靡，不然矣。

沈瓒之令丹徒，以清介不通左右，被赞。召问，对曰：『臣清乃获罪。』帝曰：『清何以获罪？』曰：『无以承奉要人耳。』帝曰：『要人为谁？』瓒之举手扳四指曰：『此赤衣诸郎皆是。』帝嘉之，复任丹徒。

潘麟长氏曰：赤衣诸郎，何代无之？若不通承奉，断无有不赞之者。要之，自信得真，守得坚，虽获罪亦甘心耳。可见不获罪赤衣诸郎之人，必获罪赤子之人矣。人宁为此而不为彼，上岂有不嘉之者乎？

顾顗之令山阴。阴剧邑，前后令长昼夜不得休，事犹不举。顗之理繁以约，县用无事，昼日垂帘，门阶闲寂。再守吴郡，戴法兴权倾人主，而顗之未尝降意。蔡兴宗与之善，嫌其风节过峻，顗之曰：『辛毗有言：孙、刘不过使吾不为三公耳。』

卞延之令上虞，才识敏达，优于治政。太守孟顗以官长凌之，卞脱帻投地，曰：『吾所以屈卿者，为此帻耳。今已投去，卿可以一世勋门而傲天下士乎？』遂拂衣出，百姓号攀者无数。

潘鳞长氏曰：纱帽是无情之物，人惟看得太重，则其受屈于人者越深。夫此挂冠投帻之人，岂无味而然乎？君子惟是居易以听，固不跃冶以犯不祥，亦不乞怜而多洟泗，正不为此物屈耳。

王僧虔守会稽。有阮佃夫（家）在会下（稽），请假东归。客劝虔以佃夫要幸，宜加礼接。虔曰：『我立身有素，岂能曲意此辈。彼若见恶，当拂衣而去。』

潘鳞长氏曰：往江东一守。欲以金赂刘瑾，降紫姑仙卜可否，仙批云：『几树甘棠萝未成，使君何事苦经营。雷霆忽击冰山碎，只恐钱神也不灵。』守不信，竟赂之。未几，瑾败，守亦坐贬。是皆不知立身有素而曲意此辈者耳。如僧虔者，岂徒以声律草隶变体见雄哉？史乃于此称之，何小之乎观虔也？

王罴为雍州刺史，性俭率，不事边幅。尝有台使者至，罴为设食，使者乃裂去薄饼缘，罴曰：『耕种收获，其功已深；舂爨造成，用力不少。尔之选择，当是未饥。』命左右撤去，使者愕然。罴清廉公正，不营生业，虽贵显不改衡门。身死之日，家甚贫罄，当时服之。

潘鳞长氏曰：每见饰厨传以给使者，冀求当其欢心而止；少有拂逆，便匍匐请罪之不暇，敢撤去乎？此种骨性非真如黑之俭率不事边幅者不能也。

金孝章氏曰：近见耿楚侗先生纪先进遗风一编云：许襄毅公进，成化中，以御史丁忧还里，已起服上京，惟乘马。其配高夫人，素病眩晕不能御车，亦骑而从，竟不索轿也。又秦少保弦，历官四十余年，提兵南北，列位孤卿，所居仅蔽风雨，妻孥菜羹麦饭，不改其旧。及卒，家无余资，未几子孙有贫乏不能存者。呜呼！前辈风节若此，安得不谓之古人乎？又蒋司空公瑶为扬州太守，会武庙南巡，诸省骚动，凡乘舆供御及宦寺官妾亲军赂遗，莫可资算。公曰：『备亦罪，不备亦罪。不备患止身耳，

备则患及民。』乃仅鸠供应之具，不复横敛以为媚悦。自衣青布袍，束黄金带，奔走周旋。权幸江彬辈横加折辱，不为动。一日，上捕得大鲤，谋所鬻者，左右正欲中公，曰：『莫如扬州知府宜。』上乃呼而属之。公归，简女衣并首饰数事，蒲伏进曰：『鱼有值矣，他无所取，惟妻女之衣装在焉。臣死罪，臣死罪！』上熟睨之，曰：『汝真酸子耶，吾无须此。』其亟持以归，鱼亦不取值矣。繇是清节动天下。夫天威所临，生死呼吸间事耳，至乃以身翼民，即陨命弗恤，卒所全地方实多。然则司牧者，诚能秉其不忍百姓之心，直使身家可忘，雷霆之不测可犯，又何有于要津达官之区区者耶？彼剥民奉上，无乃封使君之徒而甚者耶？噫，亦烈矣！噫，亦惑矣！

萧结令祁阳。方暮春时，有州符下取竞渡船急，结怒

批其符曰：『秧开五叶，蚕长三眠，人皆忙迫，划甚闲船？』守惭而止。

金孝章氏曰：此既一州守矣，又何易于所为腰笏挽舟者？亦一守也，岂守独与民疏远，不甚悉其劳逸耶？有此贤令，裨益良不浅浅。有如守以德率令，令以直匡守，其相与有成，何如有弗功名俱彰而民社受福者？吾不信矣。

泉企世袭商洛令。年十二，好学恬静，百姓安之。以破贼功，除刺雍州，在州五年，纤毫不染。每除一官，忧见颜色。齐神武专政，魏帝有西顾之心，委企以山南事。再守上洛，高敖曹率众围城，企拒守旬余，矢尽援绝而陷。企谓敖曹曰：『力屈而陷，岂其志哉？』被执，戒子元礼、仲遵曰：『汝等志力本朝，吾无余恨，不得以我在东，遂

亏臣节。』寻卒于邺。嗣后二子率州人袭城，斩敖曹以成父志，朝廷嘉之，袭洛刺史，皆以清白见称。

潘麟长氏曰：泉企出自巴夷，长于山谷，乃自其驹齿未落，已类成人，及髫年则已堪民宰。至临难慷慨，绰有人臣之节。倘古人所称仁义无常，蹈之则为君子者，非耶，元礼、仲遵聿成父志，于所诫『忠孝之道，不可两全』者，盖萃于一门矣。

尧君素署领河东守，时围甚急，行李断绝，乃执其妻至城下招之，君素曰：『天下事非妇人所知。』引弓射之，应弦而倒。时百姓苦隋日久，及逢义师，人有息肩之望。君素善于统领，至男女相食而志犹不变，卒为左右害。唐太宗诏褒之曰：『虽桀犬吠尧，有乖倒戈之志；而疾风劲草，实表岁寒之心。』赠蒲州刺史。

潘鳞长氏曰：按：君素之守河东也，时唐义旗所指，莫不响应，而江都倾覆，已不可支，乃君素独守孤城，至行李断绝，男女相食而犹不肯变志，徒以藩邸旧臣，大义不得不死耳。夫至于知事之必不济，而坚持岁余，守死无二，即天之所废，人不能与有所不计，斯盖无所为而为义，而人卒以义致之。视彼烈士徇名，慷慨赴死于一时者，又有加焉。疾风劲草，君素斯无愧矣。

宋璟刺广州。广人以竹茅覆屋，多火患，璟教之陶瓦，民赖以安。比迁去，立碑颂璟，璟上言：『臣之治迹不足纪，广人以臣当国，故为溢辞，徒成贡谀。欲厘正之，请自臣始。』上嘉之。

潘鳞长氏曰：此与何德彦父及司马膺之言同一旷达。何德彦尚书告定省，倾朝送之，其父叹曰：『此是送

尚书，非送何德彦也。』司马膺避杨愔于道左，愔怪问之，膺曰：『非避卿也，自避尚书令耳。』夫世人重官品不重人品，往往而然。顾人品为名贤所重，官品为流俗所尊。吾侪不以道德行谊见重于名贤，而徒以爵禄名位推尊于流俗，能不自愧乎？故士君子当期为天下第一品人，毋期为天下第一品官，而碑颂之立否，自在万世，于我何有焉？璟能诚确如此，宜相业之昌于有唐也。又曰：人之见识原自不同，如杜预好为身后名，刻碑纪绩，一沉方山之下，一立岘山之上，曰：『焉知后世不为陵谷乎？』又有为杨玚立碑石颂德者，玚曰：『斯何益于人哉？名留史氏足矣，此不过遗后世作碇石耳。』繇预之说观之，夫陵谷苟变，碑岂能独存乎？何预之识不及此也？殊不知爱有以及人，则召伯之甘棠，至今颂之，原无假于碑也。

如无德可称，纵陵谷不变，此等贡谀之碑自不待去，而早以作碇石矣。宋、杨二公真达人哉！语云：『人是百年人，枉作千年调。铸铁作户躯，鬼见拍掌笑。』杜预近之矣。

倪若水刺汴州。玄宗遣中官捕䴔㶉、䴖鳺于南方，若水以为扰民。上言：『农方田，女方蚕，以此时捕奇禽怪羽，为园囿之玩，自江、岭西（而）南，达京师，水舟陆（运）赍，所饲鱼虫、稻粱，道路之言，不以贱人贵鸟望陛下耶？』帝手诏褒答，悉放所玩禽，而赐若水帛以旌之。

潘鳞长氏曰：夫外作禽荒，太康所以失邦也。有天下者，尤当以此为戒。明皇乃未免此，幸若水能以言规谏，故不至有禽荒之患，若水之有益于人国多矣。先朝李大亮，亦进太宗求鹰之谏，有补太宗，亦不在若水之下。顾若水独欣慕景倩，恨不得为驺仆一语，患得之讥，此其

所以来也。

温造为殿中侍御史。时夏绥节度李祐违诏献马，造劾之。祐谓人曰：『吾夜半入蔡州城取吴元济，未尝心动，今日胆落于温御史矣。』造性刚急，人或忤己，亦以气出其上，弹击无所回畏，威望隐然。

金孝章氏曰：御史见劾，岂可与入蔡州取吴元济并论哉？古者国有正人，则四夷惮其威望；乡有端士，则不良者唯恐事之或闻于其人。由其一言一动，有以使之心动胆落者也。夫能使之至于如此者，此犹天性之未泯于人心而事之，犹有可为也，然则邦之司直岂不甚重矣乎？

卢坦为河南尉，杜黄裳为尹，召坦立堂下曰：『某家子与恶人游破产，公为捕盗，盍察之？』坦曰：『凡居官

廉，虽大臣无厚蓄，其能多积者，必剥下以致之。如其子孙善守，是天富不道之家也，不若恣其不道，以归于人，故不察。』

潘鳞长氏曰：子弟与恶人游，荐绅先生之耻也。居官之后，乃至有产可破，尤荐绅先生之耻也。夫子弟不贤，方自教责之不暇，而暇捕察人乎哉？悖入悖出，古有明训，如坦所称，可谓达矣。

颜杲卿为范阳户参军，安禄山表守常山，赐杲卿紫袍，袁履谦绯袍，令与假子李钦凑以兵七千屯土门。杲卿指所赐衣谓履谦曰：『与公何为着此？』履谦遂悟。杲卿称疾不视事，委政长史，履谦潜谋起兵，与真卿以平原相犄角，传檄河北，言王师二十万入土门，遣郭仲邕为先锋，驰而南，曳柴扬尘，望者谓大军至。贼弃饶阳围走，于

是赵、钜鹿、广平、河间并斩伪刺史，传首常山，而乐安、博陵等郡皆自固，杲卿兄弟兵大振。禄山闻大惧，使史思明急攻常山，杲卿昼夜战，力竭粮矢尽，六日而陷，与履谦同执。贼胁使降，不应，取少子季明加刃颈曰：『降我，当活而（尔）子。』亦不答，遂杀季明。执致杲卿于雒，禄山怒曰：『吾擢尔太守，何所负而反？』杲卿骂曰：『汝营州牧羊羯奴耳，窃荷恩宠天子，亦何汝负而反乎？我恨不斩汝以谢上，乃从尔反耶？』禄山忿怒，缚之天津桥柱，节解以肉啖之，詈不绝声，贼钩断其舌，曰：『复能詈否？』杲卿含血而绝。

潘鳞长氏曰：方禄山之反也，杲卿与真卿相犄角以挫其锋，功虽无成，然贼之不能直窥潼关，以此两人挠其后也。力屈而陷，至詈贼断舌，可使乱臣贼子赧然疑沮而

不得逞，亦可以激靡软偷生之徒。夫逆贼奸鼎搏人而肆其毒，不知杀一义士，则四方解体，禄山之见毙于其子与党也，可谓非天道之好还也哉？

张巡以真源令起兵讨贼，至城中乏食，巡杀爱妾以享士，乃西向拜曰：『孤城备竭弗能全，臣生不能报陛下，死当为厉鬼以灭贼耳。』城陷，与睢守许远俱被执。尹子奇谓巡曰：『闻公督战大呼，辄眦裂血面，嚼齿皆碎，何至是？』答曰：『吾欲气吞逆贼，顾力屈耳。』子奇怒以刀抉其口，齿存者三四，巡骂曰：『我为君父死，尔附贼乃犬彘也，安得久？』子奇服其节，将释之，或曰：『彼守义者，乌可为我用？』乃以刃胁降，巡不屈。贼复胁南霁云，未应，巡呼曰：『南八男儿，死即死耳，不可为不义屈！』霁云笑曰：『欲将有为也，公知我者，敢不死！』亦

遇害。后许远执致雒，亦不屈而死。

潘鳞长氏曰：按：唐元和时，韩退之读季翰所为巡传，以为阙远事非是，其言曰：二人者守死成名，先后异耳。二家子弟，不能通知其父志，使世疑远畏死而服贼。远诚畏死，何苦守尺寸地，杀奴僮以哺卒，而抗不降乎？远之不畏死甚明也。又言：城陷自所守，此与儿童之见无异，退之于褒贬尤慎可信，则巡、远之节，诚不当轻为轩轾也。顾后世多称巡、远忠烈而略霁云，盖谓史赞独以完节与二人耳。余观霁云，如进明请师，对乐涕泣断一指以归报，及被执，对巡曰：『公知我者，敢不死？』遂遇害。故德宗差次至德以来，将相功绩尤著者，以巡、远、霁云与颜杲卿等。而僖宗求忠臣后，与大中凌烟之图，并及此三人，可以观公论所在矣，故特为表焉。当时能杀爱妾以

享士者，汉有臧洪，唐有张巡，二公孤忠，蔑以尚矣。而人或谓二公爱士，而不爱妾。非也，二公爱妾之心于此可见焉。城危食尽，非恩无以结人心，故宁杀吾妾，使人皆知吾能割爱以惠下，所割之爱如此，则当时之爱莫重于妾，亦可知矣。夫如是而二公与城为生死之志，吾又于杀爱妾以见之矣。惜哉！天不二公佑，顿使城隳身殒，读史至此，未尝不抚膺而哀其不幸，转幸二妾之不见辱于贼者，为得其死所也。

段秀实自请为军侯。时郭子仪为副元帅居蒲，子晞屯邠州，士放纵不法，至伤市人，害孕妇。节度使白孝德患之而不敢劾，秀实自请补都虞侯，斩晞横卒，晞一营大噪，尽甲。秀实选老躄者一人驰马责晞，晞再拜谢，叱左右解甲，敢哗者死。邠由是安。吐蕃寇边，马璘为虏隔，未

能还，因悉锐兵示贼，璘得归。郑颖璘死摄镇，徙谋乱者，一军遂宁。数年，吐蕃不敢犯塞。在镇非公会不举乐饮酒，室无妓媵，无赢财，宾佐至，议军政，不及〔私〕。嗣后代宗问所以安边者，尽地以对。值朱泚召实计事，语至僭位，实勃然吐面大骂，以象笏击中朱泚额，流血沾衣，遂遇害。

潘鳞长氏曰：昔人言段太尉大抵以为武人，一时奋不虑死以取名。非也，太尉为人，姁姁未尝傲人以色，宛然一儒者也。观其追逆兵，击朱泚，其应卒之才，忠烈之气，可概见矣。岂所谓仁者必有勇乎？郑覃云，自古杀身利社稷，未有如秀实者，诚知言哉！

裴谞为河南租庸使。入奏事，上问榷酤之利，岁入几何，谞不对，复问，谞曰：『臣自河东来，所过菽粟未种，农

夫怨愁。以为陛下见臣必先民之疾苦是问，乃责臣以营利，是以未敢对也。』上谢之，拜左司郎中。后上以山陵近，禁屠宰，子仪之隶人犯禁，谞执金吾奏之。或曰：『君独不为郭公地乎？』请曰：『此其所以为之地也。郭公勋高望重，上新即位，以为群臣附之者众。吾发其小过，以明郭公之不足畏。上事天子，下安大臣，不亦可乎？』

潘鳞长氏曰：人主非至庸愚，无不爱恤百姓者。独以谄媚小人，巧为榷算，百计利诱，遂使寝掩其本心耳。至裴谞不对榷酤，而动以民之疾苦，可谓深达政本之论。至执奏子仪隶人犯禁之小过，尤见其爱人之诚，足令附炎者心寒矣。近嘉善钱塞庵先生在朝，武生李琎有缙绅豪右输官一疏，欲行首实籍没之法。此皆逢迎之故智，实煽乱之诡谋，藉非塞庵力止之，不惟富室化为穷民，海内将

无宁宇矣。塞庵此力，不减裴谞民间疾苦之对，故并及之，以告司国计者。

林蕴节度四川。时刘阐反，蕴以大义责之。阐怒，以刀磨其颈，蕴骂曰：『死即死耳，我颈岂顽奴磨刀石耶？』阐知不可屈，释之。

阳城自处士征为谏官，人皆想望风采，曰：『城必谏诤死职下。』及受命，论事纷纷细碎，帝益厌苦之，而城寝闻得失且熟，犹未肯言。韩愈作《诤臣论》讥切，城不屑。方与二弟延宾客，日夜剧饮，人莫能窥其际。及裴延龄诬陆贽等，帝怒甚，无敢言，城乃约拾遗王仲舒守延英阁上疏极论延龄罪，慷慨引谊，申直贽等，累日不止。闻者寒惧，城愈励。帝大怒，召宰相抵城罪。皇太子为开救，良久得免。帝欲遂相延龄，城显语曰：『延龄为相，吾当取白麻

坏之，哭于廷。』帝乃止。

潘鳞长氏曰：余读柳柳州《阳公遗爱碣》与其遗太学诸生书，复观范祖禹论阳公救陆贽，欲坏裴延龄麻，盖城于师道、臣道两无愧矣，岂止一节士？而《新史》顾置之卓行之科耶？又论者或祖昌黎《诤臣论》之遗意讥城，以为贽不贬，则城无所成其名。是大不然，夫城固有待而为者也，昌黎之论，当城未言时耳。陆贽不死，延龄不相，城力为多，其志凛凛与秋霜争烈，真丈夫哉！

韦澳为义成节度使判官。及周墀为相，谓澳曰：『何以相助？』澳曰：『愿相公无权。』墀愕然。澳曰：『爵禄刑赏与天下共，其可否？勿以己之爱憎喜怒移之，天下自理，何权之有？』墀深然之。

潘鳞长氏曰：余读韦澳『愿相公无权』一语，真是台

衡之药石。盖从古居相位者，非权操制作而逞胸臆之私，即权擅威福而快恩仇之报，如王安石、韩侂胄之流不少也。岂知因革废兴，生杀予夺，皆人君大柄，于我何有？第奉而行之，如小吏之对簿事凛凛，然毫不敢干，则庶官率职，而理道自举矣。若澳者，可谓善于赠言者哉！

何易于令益昌。刺史崔朴行春，与宾客泛舟出益昌，索民挽绰，易于即腰笏身自引舟。朴惊问故，易于对曰：『方春百姓耕且蚕，惟令无事，可代其劳。』朴愧，疾跳出舟，与宾客借骑驰去，闻其贤，亦不罪。

潘鳞长氏曰：萧结令祁阳，而怒批上官竞渡之符；何易于令益昌，而身自腰笏挽𫄨，愧走刺史行春之舟，在二公岂姑息民力而不自爱官乎？非也。二公无患失之心，故宁得罪上官，决不忍劳民妨时以供其游戏耳。卒

之，上官闻其贤而不以傲劾，斯诚乐得为君子矣。可见世无不爱贤之上官，但在下者趋承之过当，少不自简，便蒙不贤之讥矣。

薛元赏为京兆尹。时禁军暴横，京兆尹张仲方不敢诘，以元赏代之。元赏尝诣李石第，闻石方坐听事，与一人争辨甚喧。元赏使觇之，云有神策军将诉事。元赏趋入，责石曰：『相公纪纲四海，不能制一军将，使无礼如此，何以镇服四夷？』即命左右擒出。仇士良召之，元赏曰：『属有公事，行当至矣。』乃杖杀之，而白服以见士良曰：『中尉、宰相皆大臣也。宰相之人，若无礼于中尉，如之何？中尉之人，无礼于宰相，庸可恕乎？中尉与国同体，当为国惜法。元赏已白服而来，惟中尉死生之。』士良无可如何，乃呼酒与元赏欢饮而罢。

李敏中（中敏）刺婺州，内谒者监，仇士良请以开府荫其子，敏中（中敏）判曰：『开府阶，诚宜荫子；谒者监，何繇有儿？』士良惭恚之。

史臣曰：判语深得事实，仇士良虽恚，终无如之何。留之朝廷，岂不为南牙之助？李德裕乃以杨嗣复之党逐之，其失大矣。

郑綮刺庐州，黄巢掠淮南，綮移檄请无犯禁，巢为敛兵，州得完。秩满去，遗钱千缗藏州库，后地盗至，曰：『郑使君钱不敢犯。』其威望之重如此。

田锡官左拾遗，遇事敢言，朝贵侧目。或谓锡宜少晦以远祸，锡曰：『吾岂为一官以负初志耶？』及卒，真宗恻然曰：『锡直臣也，天何夺之速耶？』又帝作开宝寺塔，费亿万计，锡上疏云：『众谓金碧荧煌，臣以为涂膏衅血。』

潘鳞长氏曰：按：锡鲠慨言事，不趋权贵，慕魏征、李绛之为人，以尽规献替为己任，章疏五十有二悉焚之，曰：『直谏臣之职也，岂可藏副以卖直耶？』此真得谏臣体。至上开宝塔疏语，更悲壮可敬。

姚坦为益王府翊善。王元杰尝作假山，召僚属置酒，众皆褒美，坦独俯首。王强使视之，坦曰：『但见血山，安得假山？』王惊问故，坦曰：『坦在田舍时，见州县督税，上下相急，父子兄弟，鞭笞苦楚，血流满身。此假山皆民租所出，非血山而何？』帝闻之，亟令毁焉。王每有过失，坦辄尽言规正。左右教王称疾，帝忧甚，召乳母问状，乳母曰：『王本无疾，以姚坦简束不得自便耳。』帝怒曰：『吾选端士辅王为善，今乃欲使我逐正人。王年少，岂解此也？必尔辈教之。』于是杖乳母于后园，召坦慰谕之。

潘鳞长氏曰：姚坦风节如此，可谓不愧其职矣。抗论假山，乃使帝亦为之中辍，所匡翊者，何止一王府乎？帝既选任得人，又痛惩左右，不为之易其初意，斯则所称爱而能劳者焉。抑且召坦慰谕，培植正人，父道君道盖两得之矣。

金孝章氏曰：世之假山甚多，以冷眼观之，大半是血耳。饮酒褒美者纷纷，安得一俯首不视之姚坦乎？

范雍迁给事中。玉清昭应灾，章献太后泣对大臣曰：『先帝竭力以成此宫，一夕延燎几尽，惟一二小殿存尔。』雍抗言曰：『不若悉燔之也。先朝以此竭天下之力，遽为灰烬，非出人意。如因其所存，又将葺之，则民不堪命，非所以畏天戒也』。时王曾亦止之，遂诏勿葺。

金孝章氏曰：人心所在，天必从之，所谓天矜于民也。《诗》、《书》之文，言天言人，往往而合，将敬天者必先存民，夏、殷、周、汉之所以兴亡，略见于前事矣。

孔道辅为御史中丞。值仁宗废郭后，道辅率谏官范仲淹等十人诣垂拱殿伏奏。时吕夷简传上旨，论以后当废状，道辅曰：『人臣事帝后，犹子事父母，父母不和可几谏，乃顺父出母乎？』夷简曰：『废后有汉、唐故事。』道辅曰：『大臣引君尧舜，乃以汉、唐失德为法耶？』夷简语遂塞，出道辅知泰州。

潘麟长氏曰：事功节义，自是美事，然必变关君父，而后义激于郭伦；厄在生灵，而后功成于利物，才是性天中作用。譬沉潭止水，风触而纹生，石激而涛起，乃成天地间妙境。苟无风起浪，平地生波，如子推甘焚绵竹，

介子擅斩楼兰，犹是以意气用事，以才智见长。唯道辅率谏官范仲淹等伏奏废后，此方是气节用事，非徒争以意气，角以才智耳。若夷简之顺旨取容，其为垢辱，岂可浣哉？尚气节者，当于此辨之。

金孝章氏曰：所谓气节者，乃浩然之气、不可夺之大节是也。若争于琐末，藉以市直沽名，去之不啻千里矣。道辅引『几谏』二字最妙。君父之过，臣子所不愿闻者也。或匡救于未形，或虽劳而不怨。总之善归君父，过则归己，而不有其气节之名，诚以君父非立名之地耳。彼悻悻自见者，何为乎？

范仲淹初为广德司理参军，每感激论天下事，奋不顾身，一时士大夫尚风节，自仲淹倡之。天圣七年，章献太后将以冬至受朝，天子率百官上寿，仲淹曰：『帝王事

亲，自有常所，且与百官同北面而朝之，不可为后训也。』不报，出倅陈州。

范仲淹知开封，杜绝私谒，贵戚豪右敛手畏避。而明敏通达，决事如神，民咸赖之，歌曰：『朝廷无忧有范君，京师无忧有希文。』时吕夷简执政，进用者多出其门，仲淹乃为《百官图》以献，曰如此为序迁，如此为不次，如此则公，如此则私。夷简由是怒，至交论上前，仲淹对益切。出知饶州，谢表曰：『此而为郡，陈优优布政之方；必也立朝，增蹇蹇匪躬之节。』人咸叹其至诚许国，不以退易其守云。

吕本中氏曰：论本朝人物，当以仲淹为第一。观其所学，必以忠孝为本；其所志，则『先天下之忧而忧，后天下之乐而乐。』其有所为，必尽其方，曰：『为之自我者

当如是，其成与否，有不在我者，虽圣贤不能必。』此诸葛武侯不计成败之盛心也。观其论上寿之仪，晏殊有所不能识；宽仲约之诛，富弼有所不能知。而十事之规模，虽张方平、余靖之诸贤有所不能识。仁宗晚年欲大用之，而公已即世矣，岂天未欲平治天下欤？

程琳以右谏议大夫权御史中丞，当除命，宰相张知白喜曰：『不辱吾笔矣。』外戚吴氏离其夫，而挈其女归，夫诉于府。琳合还女，吴氏曰：『已纳宫中矣。』琳请于帝曰：『臣恐天下人有窃议陛下夺人妻女者。』帝亟命出之，笞而归其妻。

潘鳞长氏曰：如此人居台谏，岂独论事风生，直誉闻播而已哉？所谓君君臣臣夫夫妇妇者也。朝廷无过举，而天下各安于法，适株采麦之刺，何自而兴乎？宜宰

相之喜不自禁也。

魏廷式知益州路转运使。后入奏事，太宗谓曰：『有事当白中书。』廷式曰：『臣三千七百里外乘驿而至，以机事上闻，愿取断宸衷，非为宰相来也。』即不时召对问，方略称旨，赐钱五千万，令还任。

潘鳞长氏曰：宰相之求治，不尽若天子求治之心，是以宰相常私，天子常公，若必伺宰相意旨为进止，机事之壅也不既多乎？太阿不可旁落，良以此耳。

杨纮除江东转运按察使，御下急，尝曰：『不法之人不可贷，去之，止不利一家耳，岂可使郡邑千万家俱受害耶？』闻者望风解去。

潘鳞长氏曰：此范文正公所谓『一家哭，何如一路哭』者也。一路哭，事诚有之；若彼一家者，虽失宦未尝

不利，亦何哭乎？田庐则已广饶，园亭则已佳丽，妻妾则已靡文绣，餍膏粱，而金玉之扃于库者，且充栋也，亦何不利之有而哭乎？第恐垄断既登，左右望熟，又使其子弟为卿耳。如杜纮之不使郡邑千万家受害而去此一不法之人，斯真按察使哉！

按：陈以勤《处赃吏疏》有曰：惟朝廷设守、令之官，所以安民，故必廉洁者膺非常之赏，贪墨者蒙不宥之诛，然后长吏蔚然兴行。何也？中人之情，高官厚禄可以动之，至于不肖者，赏之亦不能劝，则必张设重法以绳之，而后有所惩，所谓赃吏。

是已汉制以六条察守令，而侵渔百姓、聚敛为奸者居其首。孝文帝赏廉洁，贱贪污，坐赃者皆禁锢不得为吏，或辄行诛。顺帝时遣使察贪污有罪者，刺史二千石驿

马上之，墨绶以下辄自收举，法至严也。我祖宗朝，综核吏治，于枉法受赇者宪典最重。嗣后稍从姑息，人心怠玩，遂至廉隅磨缺，名简堕失，陵迟之渐，寖以成风，靡靡益甚，不可禁制。故先臣何塘谓受赃满贯以上，宜籍没家产。近大学士张居正亦请将赃私严行。追并其言，皆痛切时务之要。

臣窃见比来仕路，虽稍稍改易流息，而穷乡下邑吏之纵恣自若，其行如盗跖，其欲如饕餮，克民之财，罄于锱铢。且以期会簿书巧饰伪貌，各抚按官耳目，委诸下寮，诸为所欺蒙，不即摘发。即有败露者，又以宽纾容隐为良，曲意回护，以树私恩，其载在考语，及奏劾疏中，未尽其什一。吏部据其词而议惩创之，轻者改调，或升王府官属，重者褫其职任，如此而已。其有赃私狼籍，众所共

愤者，乃请旨提问，所司竟羁縻日月，照常归结，刑法容奸，剥赤子以肥犬彘，臣诚不知其可也。

且赃吏之愿，非在于为民也。其始也，以市井狙侩之行，冒膺名秩，即垂涎民之所有，欲以自润。及其囊橐既充，溪壑已满，不幸而致败，罢官乃其甘心者。方且觅良田美宅，扬扬自谓得计。而人亦以其财多光荣，竞起艳之，故居官致富为雄杰，处奸得利为壮士。俗之敝坏，诚有如汉臣所叹者。今欲禁赃吏，而止于罢官，是徒辱之以区区之名，控之以不足揣之爵禄，而其非道所获者，不能损其毫毛，安得不掉臂而乐去也？夫以贪残之徒，漏网圣朝者不知其几，即败露褫职，又竟堕其策中。至其甚者，得从吏讯，可谓尽法矣，乃复夤缘以脱，然则百姓之愤，何为而泄；国之纪纲，何为而振，无惑乎宠赂日章，

而清白不著也。

谓宜申饬抚按官，凡所属有司，悉心廉访，果有不自砥砺，侵害下民者，或径自拿问，或参奏处治。吏部更加裁酌。如系昏庸无知，利归旁侧者，姑照常论罢；凡是人已赃私，无但免官，必如数追出助边：轻者追完放归，重者仍依律问断，即婴木索，受笞辱，亦不足惜。或谓是举颇伤操切，非所以明厚。臣切思此辈贪婪，多以苛虐济之，自常俸外皆是朘削膏血，为世豺狼。民之贫羸孤弱者，往往捐妻卖子，殒命箠械，以应其求，盖切齿腐心，欲刳刃其腹中久矣。此之重处，所谓今而后得反之也，此正范文正所谓『一家哭，何如一路哭』之意。诚能果行此法，则人莫不回视易虑，恐恐然畏刑宪之及，不敢辄犯，而天下疲民，亦得以湔洗疮痏歌颂太平矣。

唐介判潭州。有巨贾私蓄明珠，太守而下，悉轻其直售之，介独不与。偶狱发，仁宗谓近侍曰：『唐介必不肯售。』奏至，果然。又介尝自政府归，语诸子曰：『桃李未尝为汝辈栽培，荆棘则甚多矣。穷达有命，汝辈勉之。』

潘鳞长氏曰：观介之素节，独见知于仁宗。介固贤矣，仁宗亦明主哉！追读介『穷达有命』句，因忆介渡淮中流，风涛暴作，舟人惶惧，介危坐吟曰：『圣宋非狂楚，清淮异汨罗。平生仗忠义，今日任风波。』又国朝邵公滇归渡江，浪涌，舟几覆，舟子风以祭，邵曰：『来时此行李，去时此行李，葬我此江中，不愧此江水。』大抵变起不虞，灾出无安，士君子只是反已自信，以义安命，以理胜数而已。若起一忧虞趋避之念，身未必免而心先坏矣，岂不为鬼物所揶揄乎？可见处荆棘之时，即欲为子孙广树桃李，得乎哉？诚知穷达有命，则无所往而不泰然矣。

唐介知任丘。县当辽使往来道，驿吏以诛索破家为苦。介坐驿门，令曰：『非法所应给，一切勿与，稍毁吾什器者，必执之。』皆帖服以去。

金孝章氏曰：县尹若此，百姓赖以全活者多矣，岂但驿吏？往予尝从使轺，历燕、蓟、齐、鲁间，深悉驿传之困，力役之艰，每欲慨焉歌哭。斯实好饰供帐者积渐使然，或乃以此为其官殿最。嗟乎，岂不上下交偷也哉？

包拯知开封，刚正严毅，不可干以私，贵戚宦官为之敛手，闻者莫不惮之。凡势族筑园榭侵民利者，劾奏毁之。自知谏院，复京兆尹，令行禁止，奸宄屏息。童稚妇女皆知名，呼曰包待制，又呼曰包家。凡徇私者，人皆指笑曰：『你一个包家，得无惧乎？』京师为之语曰：『关节

不到，有阎罗包老。』立朝临政，俨然正色，虽平居未尝有笑容，人谓包希仁笑，比黄河清云。

潘鳞长氏曰：夫严察者务苛刻，包则宽与猛济，故童稚妇女皆知有包待制也。可见为政者，若一味以肃杀为事，而无融和之气，民亦何乐以此称诵也？按：孝肃性峭直，务敦厚，虽甚嫉恶而未尝不推以恕。小人或有欺之者。方孝肃尹京时，有编民犯法当杖，吏受赇，与约曰：『今见尹，必付我责状，汝第号呼自辩，我与汝分此罪。汝决杖，我亦决杖。』既而公引囚问毕，果付吏责状，囚如吏言，分辨不已，吏大声呵之曰：『但受脊杖出去，何多言？』公恶其市权，捽吏杖之十七，特宽囚罪，止从杖坐以沮吏势，初不知为吏所卖也。小人为奸，固难防哉！当官驭吏，此事不可不知。

欧阳修知开封。时京师多近戚宠贵干吏犯禁，每恃内降苟免。修上奏论列，今后有求内降以免罪者，更加本罪二等。内臣梁举直私役官兵，付开封府取勘，既而内降族罪免三次，修执而不行，抵以法。上元有司以常例张灯，修奏请罢之。

金孝章氏曰：令行当先自贵近始，若尽恃内降苟免脱，无势者犯禁，将何以谢之？且斯人何独罹其辜，又岂能独甘心乎？挠法者莫若贵近，则可以行法者亦莫若贵近，贵近不敢逞，斯无作奸之人矣。

程颢知扶沟。时内侍都知王中正巡阅保甲，权宠至盛，诸邑供帐竞务华鲜以悦其意。主吏以请，颢曰：『吾邑贫，安能效它邑？且取于民，法所禁，令有故青布帐可用之。』颢在邑岁余，中正往来境上，卒不入。

潘鳞长氏曰：往鄢懋卿以总理监法巡行郡邑，势甚张，其妻从行，装五彩舆，以十二女舁之。令长膝行蒲伏，至以文锦饰厕、白金饰溺。海刚峰令淳安，供帐疏简，抗言贫邑不能容轩车。懋卿怒甚，然素闻其强项，亦敛威去。可见古今佥小未尝不可以理慑，只贪昧软弱者，见势必趋，所以见鄙于有道。如刚峰特立之操，斯亦可以岸然于程门矣。嗟乎，使为令者尽如程夫子、海刚峰，则王正中（中正）、鄢懋卿等小人，亦无所张其势耳。

司马光知陈州，过阙，留为门下侍郎。时天下之民引领拭目以观新政，而议者犹谓『三年无改于父之道』，但毛举细事，稍塞人言。光曰：『安石、惠卿所建，为天下害者，改之当如救焚拯溺。况太皇太后以母改子，非以子改父。』众议甫定。遂罢保甲团练诸不便民者，而茶盐等法，皆复其旧，独青苗、免役、将官之法犹在，西戎之议未决，而光复得疾，叹曰：『四患未除，吾死不瞑目矣。』折简与吕公著云：『光以身付医，以家付愚子，惟国事未有所托，今乃属公。』论免役五害，乞直降敕罢之，诸所言悉听纳。诏令子康扶入对，且曰：『无拜。』遂罢青苗钱，复常平粜籴法。两宫虚己以听。及病革，谆谆如梦中语，皆朝廷天下事也。

潘鳞长氏曰：元祐之初，温公入相，尽变熙宁之法以安社稷。当时有规其太骤者，温公曰：『今日之事乃太皇太后以母改子，非以子改父也。』呜呼，事求其是而已矣。法行而善，虽子不改可也；法行而不善，虽父亦可改也，岂可拘拘以母子言乎？虽然，就时论事又非所论也。

又曰：司马光、吕公著相继入相，正主少国疑群奸侧目

之际，乃尽除新法，岂不知有绍圣之祸哉？当是时民生憔悴，二公救焚拯溺之心，固不能一朝宴然也，遑恤其后乎？若二公者，可谓以身殉国者矣。

郑侠监安上门。是时熙宁六年七月不雨，至于七年之三月，人不聊生，流民扶携，困苦百状。侠悉绘所见为图，并奏疏假称密急发马迎上之银台司，言：『陛下观臣之图，以行臣之言，一（十）日不雨，乞斩臣以正欺君之罪。』帝反覆观图，长吁数四，袖以入内。是夕，寝不能寐。翌日，命罢新法青苗、免役等，凡十八事。民闻之欢呼相贺。因下责躬诏求言，越三日，大雨，远近沾洽。辅臣入贺。安石上章求去，群奸切齿，遂以侠付御史，治其擅发递罪。

潘鳞长氏曰：大旱求言，郑侠乃进流民图，天子为

之咨吁不能寐，遂罢新法十有八事，百姓欢呼，果大雨。

于戏！忠义之心根于固有者也。郑侠一小官耳，乃能直言国事，至于惠卿、韩绛、章惇、蔡确之流，皆两辅大臣，而朋党误国，得无愧于斯人乎？可见才无大小，要之见功；位无崇卑，要之立效，故与其高才盛位而鲜功，反不若微能薄禄者之奏绩耳。至侠夺官之后，穷厄至死，而一言一语，未尝忘君，此虽大臣犹难之，侠真杰丈夫哉！

傅尧俞在上前，吐论激切，事已则终，不复言。出守和州，判官杨洙乘间问曰：『公以直言斥居此，何为言未尝及御史时事？』俞曰：『前日言职也，岂得已哉？今为郡守，当宣朝廷美意，而反沾沾（呫呫）追言前日之阙政，与诽谤何异？』公为御史谏官四年，所上百六十余章，多触忌讳，诋权幸，名重朝廷，而风节凛然，闻于天下。

时国用乏，言利者献计富国。公奏曰：『今度支岁用不足，诚不可忽，欲救其弊，陛下宜躬自俭刻，身先天下，无夺农时，勿害商旅，可矣。不然，徒欲纷更，为之无益，聚敛财用，天下殆矣。

潘鳞长氏曰：按：温公谓康节曰：清、直、勇三德，人所难兼，吾于钦之畏焉。』康节曰：『钦之清而不耀，直而不激，勇而能温，是为难。』余合二说，而考其生平。当安石之秉政也，不受诱饵，与论新法，终无诡随。及元祐区别正邪，论蔡确诗夸之罪，恐为已甚，请一切置之。使当时或听其言，何至有绍圣雠复之祸也？至于他有更张，随事谏止，亦鲜矫枉过正之失，在元祐诸君子中，身名俱全，可不谓难哉？其出守和州，判官之对，虽见风裁，尤多长厚之道矣。

陈瓘为太学博士。薛昂、林自之徒为正録，皆蔡卞之党也，竞推尊安石而排挤元祐，禁戒士人，不得习元祐学术。卞方议毁《资治通鉴》板，瓘闻之，因策士题特引序文以明神考有训，于是林自骇异，而谓瓘曰：『此岂神考新制耶？』瓘曰：『谁言其非也？』林自又曰：『亦神考少年之制尔。』瓘曰：『圣人之学，得于天性，有始有卒，岂有少长之异？』林自辞屈，愧歉以告卞，卞乃密令学中置板高阁，不复敢议毁矣。瓘谪台州，朝起佥人石愀知州事。朝旨令取索《尊尧》副本，而愀遂迫胁以死。瓘诘得之，因问曰：『君知「尊尧」所以立名乎？盖以神考为尧，而以主上为舜也，助舜尊尧，何谓诋诬？时相学术短浅，为人所愚。君所得于彼者几何，乃亦不畏公议，干犯名分乎？请具申瓘此语，瓘将显就诛戮，不必以刑狱相恐。』愀惭

揖使退，窘辱百端，终不能害。

潘鳞长氏曰：士君子当小人柄国时，自不能一朝安其身，盖小人祸蔓国家，如附项之疽，不亟去之，必至于杀人。瓘之亟欲去京、卞者，正唯恐其杀人耳，初何计其身之先受酷也？夫瓘既著《尊尧集》为国家正其是非，盍公言之朝，而著为私史？意亦为奸臣在上，志不得申于朝，聊存于野，以见公论之有在云尔。虽然，夫岂明哲之道乎？愚因是而有感焉。往闻当路劾一州佐，州守因佐贤明，力为辩论，当路怫然怒曰：『我岂蔽贤者耶？』并劾其守。又一令及丞皆刻薄，独簿长厚。偶宴，集簿以事先去，一乡先达因赞簿长厚。令变色曰：『我辈皆薄德耶？』遂罢席。夫扬人之善，自是美事，然奸丑太明，激扬过甚，或显贾株连之祸，或阴受波及之殃，其为害也不

小，矧攻人之恶不留余地者乎？君子处此，固不可无明诤之谠言，亦不可无曲全之妙用也。

丰稷为御史中丞。入对，蔡京越班揖稷谓曰：『天子任公执法，今日必有高论。』稷正色答曰：『行自知之。』是日，即论京奸状。时宦官渐盛，稷取《唐书·仇士良传》读之帝前，读数行，帝曰：『已喻。』稷若为不闻也者，读毕乃已。他日奏对劝上远佞臣，帝问：『佞臣为谁？』对曰：『曾布。』布时正在帝侧。

潘鳞长氏曰：君子在位，众人见其贤而畏之；小人在位，众人见其势而畏之。见其贤而畏之，则能知自守之义，化鄙人而为君子者有矣，而况于节操之士乎？见其势而畏之，则或忘阿附之羞，化善人而为小人者亦有矣，而况于奔竞之流乎？此正稷与京之分途，亦古今君子小

人之合辙也。至京越班相揖，此不过欲私致奖誉以为结约耳，孰知丰公胸中早具斥奸志愿，宁以势焰夺耶？

郭永知大名（谷）。太原帅宴享豪侈，苛取诸县供给，大名（谷）民富，其敛尤亟。永以书抵幕府曰：『非什一而取，皆民膏血也，以资豆觞之费，仁者忍为是耶？脱不获命，今有投劾归耳。』帅不敢迫。遣卒数辈号『警盗』，刺诸县短长，游蠹不归，莫敢迕，永械致之府，府为并他邑追还。后杜充守大名，名甚盛，永书数策遗之。一日见永，永问其目，充曰：『未暇读也。』永曰：『人有志而无才，好名而遗实，骄蹇自用而有虚声，以此当大任，鲜不颠沛，如公等足与治乎？』充大惭。

潘鳞长氏曰：按：永博通今古，得钱即以买书，藏书万卷，因事为文，皆可录而不求人知。见古人立名节

者，未尝不慨然掩卷终日，而尤慕颜鲁公之为人。卒死于难，其节概可想矣。喜面折人过，退无异言，观其抵幕府之书，足征仁者之勇；至折杜充骄蹇数语，真古今负虚名而鲜实用者之药石矣。王文康公《咏牡丹》诗云：『枣花至小能成实，桑叶虽柔解作丝。堪笑牡丹如斗大，不成一事又空枝。』噫，世有空负大名终鲜实用者，若何不愧？

常安民举进士，王安石亟赏其文，谓可以式后学。绍圣初召对，首发蔡京奸足以惑众，辨足以饰非，巧足以夺主上之观听，力足以颠倒天下之是非。寻被窜，流落二十余年，略不动念。

潘鳞长氏曰：常安民应举，不足王氏经学，且其妻与蔡确之妻兄弟也，绝确不与往还，则其直节素定矣。是

以绍圣之初，攻惠卿，攻章惇，攻曾布，攻蔡京，攻张商英，攻周秩。既被滁州之贬，值蔡京用事，流落二十年而卒。呜呼，安民始终彻生死而一于正，可谓任重道远之君子耶？

王希吕知绍兴府，天性刚劲，无所回护。尝论近侍用事，语极切，至上变色欲起。希吕挽御衣曰：『非但臣能言之，侍从台谏皆有文字来矣。』佐漕江西，作《拳石记》示僚属，一幕官举笔涂数字，众皆骇愕，希吕览之，喜其不阿，荐之。

金孝章氏曰：直道相感大都如是，岂非类之各从也哉？每见刚劲人，极心虚，极肯服善，但恐言者未必有以深当其心耳。若彼阿谀取容者，非但正人所嫉，即佥夫究亦薄之，所谓小人枉了为小人也，人亦何苦枉为小人

曹彦约宝章阁学士、知常德府，陛辞，言下情未通，横敛未革。帝曰：『其病安在？』对曰：『言官不及时政，下情安通，苞苴公行于都城，则州郡横敛，无可疑者。』帝深然之。后以循良课第一。

潘鳞长氏曰：建白贵得主脑，要使坐而论议，作而见之施行，言者与听言者各有实益耳。不然，虽发言盈廷，亦复何益？至于好利之弊，古今一揆，上有好者，下必有甚焉。此龙门公所以读《孟子》首篇，而为之废书流涕也。

严宗为上高簿，受代，漕使以试官缺，留宗校文，寓萧寺。有富家子，因寺僧致恳，许以五十万钱。宗笑曰：『可请其人面议之。』翌午来谒，宗叱之曰：『三岁大比，公卿由此而出，汝不潜心力学，乃欲以贿进乎？它日朝廷安用此鄙污之夫也？』其人惭退，宗亦即辞漕行。

杜莘老尝曰：『台谏当论天下第一事为民造福，若有所畏避，是欺其心，不敬其君也。』及官侍御，直言无隐，凡众所指目者，悉击去，声震一时。

范如圭授武安军节度推官，始至帅府，将斩人，如圭白其误，帅为已署不易也，圭正色曰：『节下何重易一字而轻数人之命耶？』帅矍然从之。

潘鳞长氏曰：每读《书》至《吕刑》『五过之疵』，惟官居首，不胜恻然而叹也。哀此颠寡，宜岸宜狱，虐其无盖，而疾威以临，之其辗转相率而竟者，固已多矣。典狱者方矫虔自喜，宁知发闻惟腥，庶戮将告无辜于上帝哉？夫重易一字而轻殊其体，则是人命果齐于草菅也。哀敬之谓何？清问下民之谓何？然则兵刑一道，戕人者实乃自戕耳，不戕者祥，不祥者戕。吁，可畏也已。

袁枢淳熙中分修国史，章惇家力求润饰其传，枢曰：『吾为史官，法不隐恶，宁负乡人，不可负天下后世公论。』时相赵雄叹曰『无愧古良史矣。』

金孝章氏曰：看得乡人重，自看得天下后世公论轻，负公道者，是自负其心者也。若曲笔徇人，人之慝卒不可护，而吾之羞亦不可赎，虽博偭子云，文追司马，亦曷足尚乎？所以曩者董狐之流，宁以身徇而不夺也。

潘鳞长氏曰：往见《毗陵闲话》云：故江阴令赵麟阳纂修邑志，以编缉属林、刘两生。有富家纳贿两生，欲附名节妇者，然已经赵令裁定，不可复增。遂取前代节妇二人削不录，而以贿家满其数。两生偶步月城隍庙，见两妇甚端整，双烛前导，一从甬道，一由偏门上殿，有朱衣

金幞头者下阶肃入，良久复送出。两生同庙祝见而大骇，避身暗处窥之，两妇指而骂曰：『尔削我名，祸立至矣。』两生惧而奔舍，俱暴亡。庙祝以白赵令，赵令立简所削，一则曾从夫爵，一则闾阎之妇也。嗟乎，夫以历世久远而芳魂犹存，一削其名，则皇皇奔诉，若惟恐失千载令誉者。乃其出入异阶，贵贱有等，而迎送惟谨尊礼则。一奇话既足警聩显诛，亦复快心，故并录之，以告修郡邑志者，不可不慎也。

向子忞守真州，范琼溃将郭吉据州治，妄作拘执，官吏莫敢谁何。忞挐舟及城，行谒先圣，还坐责堂称太守，吉震詟焉。视事阅月，官吏上下皆得其所。吉自忞来，缩手不敢肆，及见府库充满，将不利于公。民间有窜伏者，一日率其属而入，忞坐堂上，迎谓曰：『汝知前日骂虏而

死者乎？吾兄也。吾固不畏死，汝为将不能御盗，尚敢杀太守为？』顾左右取剑授吉，吉夺气胆落，哀鸣推谢，乞招集流亡以自效。

公天赋正性，用志不苟，孝悌忠信之外不学焉。逾三十年，已拜州，寓直道山。四十年，屡得屡失，若无也。所临辄有声，去后有遗爱。避地南方，虽艰难羁旅中，奉先之念不忘也。事小定，营居室，立家庙，采古制为祭仪，拊养兄弟宗族几百口，人无间言。尝任己子，复推与死节兄之子，又官其两孙。殁之日，一子五孙尚白丁，其独行特立有如此者，宜郭吉气夺胆落，哀鸣推谢，而欲招集以自效也。

刘安世少从司马光学，光教之以诚，且令自不妄语始。历官台谏，遇事刚直敢言，一时目慑之曰『殿上虎』，仪

状魁伟，声如洪钟。生平以大节自励，尝曰：『吾欲为元祐完人，见司马光地下耳。』

潘鳞长氏曰：按：安世忠孝正直，皆以温公为法。年既老，群贤凋丧略尽，岿然独存而名望益重。梁师成用事，能生死人，心服其贤，求得小吏吴默尝趣走前后者，使持书来，啖以大用，默因劝为子孙计，安世笑曰：『吾若为子孙计，不至是矣。吾欲为元祐全人，以见司马光于地下。』掷其书不答。夫安世所受于温公者一诚耳，直至既穷不变，真无负师教者矣。

张戬为监察御史，累章论王安石，安石举扇而笑，戬曰：『戬之狂直宜为公笑，然天下之笑公者不少矣。』赵抃从旁解之，戬曰：『公亦不得为无罪。』抃有愧色。

金孝章氏曰：世事亦迭相非耳，迭相非即迭相笑。

馆，公一见即拂衣归，取衣冠焚之。盖青天白日之节义，常自暗室屋漏中培来。二公布衣时，便有此一段志节，所以后来忠肝义胆，可揭日月而贯金石。士君子居蓬茅中，处韦布日，可苟焉已哉？又曰：和议之误宋者屡矣，自耿南仲主和而京师失守，自何㮚主和而二圣播迁，自汪、黄主和而维扬灰烬，至秦桧主和而事之愈谨，赂之愈厚，而逆亮之变益甚，高宗之辇毂且惊动，其覆辙固不远也。乃孝宗又以和戎大询于廷，当时侍从、台谏与议者十四人，主和者半，可否者半，言不可和者独忠简一人而已。此可见肉食鄙夫，万口一谈，牢不可破，仅仅正敌国之仪而朝廷士大夫已自谓有生气矣。左氏以无勇者为妇人，此忠简所为目举朝之士者哉？

晏敦复为左司谏。两月间论驳凡二十四章，举朝惮其风采。秦桧使所亲致意曰：『公能屈从，要地可立至。』复曰：『姜桂之性，老而愈辣，吾岂为身计误国以误苍生耶？』桧卒不能屈。高宗尝曰：『卿骨鲠敢言，可谓无忝尔祖矣！』

潘鳞长氏曰：士君子要乘时有为，须是认得人真，如晏敦复之不附秦桧，庶家国苍生皆不致误，而且令人主有『无忝尔祖』之誉，其为名实何如哉？不则，如荀彧之依曹瞒，盲投苟附，名实两空，徒博千古唾骂耳。

萧燧授平江府观察推官。秦桧当国，其亲党密告燧秋试必主文漕台，燧诘其故，曰：『丞相有子就举，欲以属公。』燧怒曰：『初仕敢欺心邪？』桧怀之，调静江而归。

金孝章氏曰：初仕发心，譬如行远道者，动足起步，所趋一分，展转日别，人惟不敢自欺其心耳，敢自欺其心，又何事得禁之，抑何所不至耶？

潘鳞长氏曰：世亦有念头偶差，后虽悔之，亦已无及，迫于事势不得不然者，人终不能原且宽之，此其所以始基贵慎也。

吴渊为建德主簿，丞相史弥远留之曰：『君国器也，开元新置尉，欲以处君。』渊谢曰：『甫得一官，何敢躁进？』弥远为之改容。

潘鳞长氏曰：居官最忌躁进，若一躁进，则所失多矣。夫花之开先者谢必早，果之晚实者味必佳。士君子建功立业，宁静竢，毋躁急；宁无速得之官，毋为轻进之谋。乐天不云乎？『竿头已到应难久，局势虽迟未必输。不见山苗与林叶，迎春先绿亦先枯。』旨哉斯言！吴公得之矣。

赵昂发判池州，时摄州事，缮壁聚粮，为固守计。都统张林阴遣人纳款，昂发知事不济，谓妻雍氏曰：『城将破，吾守臣不当去，汝先出走。』雍曰：『君为忠臣，我独不为忠臣妇乎？』昂发笑曰『此岂妇人女子所能也？』雍曰：『吾请先君死。』昂发笑止之。及元兵薄城，昂发晨起书几上曰：『国不可背，城不可降。夫妇同死，节义成双。』遂与雍氏同缢从容堂。

潘鳞长氏曰：史称昂发是时知事难成，从容就死，不惟身没王事，抑且妻死夫难，节义之道，萃于一门，是诚无愧于杀身成仁之训矣。

李芾知潭州，元围日久，芾日以忠义勉将士，死伤相籍，犹饮血死战，城中大窘，力不能支。诸将曰：『事急矣，吾属为国死可也，如民何？』芾骂曰：『国家平时厚养汝者为今日也，汝第死守，有复言者斩。』除夕，元兵登城。知衡州、进士尹谷时寓城中，知事不可为，乃为二子冠，招乡人行冠礼，乡人曰：『此何时，行此迂阔事？』谷曰：『正欲令儿曹冠带见先人于地下耳。』既毕礼，与其家人自焚。芾命以酒酹之，因留宾佐会饮，夜传令，犹手书『尽忠』字为号。饮达旦，乃召帐下沈忠遗之金，曰：『吾力竭，分当死，吾家人不可辱于俘，汝尽杀之而后杀我。』忠辞不能，芾固命之，忠泣而诺，取酒饮其家人尽醉刃之，芾亦引颈受刃。忠还家，杀己妻子，亦自刎。潭民义之，多举家自尽。

潘鳞长氏曰：李芾死节，表表在人。观其阖门俱死，不辱虏手，将佐潭民，亦皆死之，盖由芾素以忠义奖劝人心，故临难皆无苟免也。既而李芾甫亡，湖南随陷，可见

湖南不亡，赖有芾在耳。则芾之有功于社稷，岂不伟哉？至尹谷当此际而犹行冠礼以淑其子。使天欲祚宋，斯人当必致君于道矣。

陈文龙能文章，负气节，举进士，知兴元军。元兵至，有讽其降者，文龙曰：『诸君特畏死耳，人孰无死耶？』被执，指其腹曰：『此皆节义文章，可相逼耶？』卒不屈，械送杭，不食而死。母病尼寺中，左右视之泣下，母曰：『幸与吾儿同日死，又何恨哉？』亦自尽。

潘鳞长氏曰：文龙之死，诚足嘉尚，观其不惑于讽降，则无畏死之志矣。观其被执而不屈，则徇义之心可见矣。观其耻食而饿死，则贪生之意绝矣。彼所谓『节义文章』，斯真两无愧耳。至母氏闻之，亦同日自尽而不恨，则食人之禄而它事者，又当愧死无地矣。

康济谱卷七　德感

谓民可罔，民各有心。谓物可愚，物亦有诚。格及冥顽，莫不尊亲，则展也徽音。次德感第七。

潘鳞长氏曰：自俗吏以操切御其下，如束湿薪，然民始凛凛少愉快矣。以余观于卓、鲁诸君子，咸能谆谆以德导化，不事绳扑。彼其时，非独其民耻格有淳古之风，而螟出界，虎渡河，蛇还鳄徙，即异类亦且感动，是岂声音笑貌为哉？德之足以赞化育也如此。

仲由为蒲宰三年。孔子过之，入其境曰：『善哉由也，恭敬以信矣。』入其邑曰：『善哉由也，忠信以宽矣。』至庭曰：『善哉由也，明察以断矣。』子贡执辔而问曰：『夫子未见由之政，而三称其善，可得闻乎？』孔子曰：『吾见其政矣。入其境，田畴尽易，草莱甚辟，沟洫深治，此

恭敬以信，故其民尽力也。入其邑，墉屋完固，树木甚茂，此忠信以宽，故其民不偷也。至其庭，庭甚清闲，诸下用命，此其明察以断，故其政不扰也。以此观之，虽三称其善，庸尽其美乎？』

潘鳞长氏曰：天下事惟实足而效章，表端则景正。故《诗》曰：『鼓钟于宫，声闻于外。』又曰：『瑟彼玉瓒，黄流在中。』亦可谓善言内外隐显之间者矣。以子路有善政，夫子入境而知之，而称叹再三，是不待谘访陈告而尽已得其平日之能也。后世奔走献媚饰厨传以邀誉过客者，无乃策之最下乎？客欲誉之无可誉，犹必将索美焉。于是诩诩夸说以为吾之于政如此，其勤劳也，而上下相给皆不出于诚矣。惟皆不出于诚，此其所以贻讥当世而卒无一善可称也已。

韩延寿守左冯翊。民有昆弟相讼者，寿叹曰：『风化大伤，咎在冯翊。』因移疾不视事，闭阁思过。讼者深自悔谢，郡中翕然化之，恩信孚二十四县。

潘鳞长氏曰：今人既无所居则化之风，又无闭阁自咎之耻，动辄罪地方之凋弊，兆庶之顽梗，殊不解诵读谓何，简命何意，诚能如延寿之悔过，民有不翕然化者，吾未之闻矣。

迂庵子曰：史赞延寿励善，所居移风，是延寿足称循良吏矣。乃竟言讦上不信，以失身堕功，岂以其反案望之故耶？此扬子云之见也。胡致堂尝言之：延寿所以反案望之者，繇望之先激之也。两人相讦，上不直延寿，于是有司承望风旨，萧得无事，而韩独蒙辜。庶几公论矣，此正韩代萧守左冯翊时事也。

王尊守东郡。水溢瓠子金堤，尊亲执圭璧祀水神，请以身填金堤，因止宿堤上，吏民数万叩头止尊，终不听。及水盛，堤将坏，吏民皆奔走，而尊独不动，水忽少却，吏民壮之。

潘鳞长氏曰：按：史载尊行事，大略刚劲人也。东平王最骄恣，尊为相，尝抗声其前，谓『王安能勇，如尊乃勇耳。』则其以勇自负久矣。观其叱驭邛郲，不避险峻，即冲波奚畏焉？宜吏民之咸壮其节与。

卓茂令密，劳心抚字，廉明仁恕。有诘亭长受遗米肉者，茂曰：『律设大法，礼顺人情。我以礼教汝，汝必无怨恶；以律治汝，何所措其手足乎？』于是人纳其训，吏怀其恩。初茂至，诸郡邑苦蝗，独不入密界，守初不信，及廉其实，乃叹其德。

便，决不能夺之去矣。且作官而能感民如此，良亦自乐，又何必以迁转为尊荣哉？惟官以民为邮，民于是亦邮其官耳。

冯立守上郡。其治行略与野王相似，而多智有恩惠，好为条教。吏民嘉美其相代，为之歌曰：『大冯君，小冯君，兄弟继踵相因循，聪明贤智惠吏民，政如鲁、卫德化均，周公、康叔犹二君。』

潘鳞长氏曰：兄弟继踵斯已奇矣，而治行相循，尤不易得。凡为吏聪明多智者有矣，或用以自为而未暇及民，则亦无与人事。乃二冯全用之以推恩施教，人将唯恐其不聪明耳，其庆幸忻悦之意歌能曲尽之。

岑熙守魏郡。招聘隐逸，与参政事，无为而化，视事三年，民歌曰：『我有枳棘，岑君伐之。我有蟊贼，岑君遏

之。犬吠不惊，足下生氂。含哺鼓腹，焉知凶灾。我喜我生，独丁斯时。美哉岑君，于戏休兹！』

潘鳞长氏曰：犹是民也，歌苌楚者独以生其时为怨，而岑君之民，则以丁其时为喜，是岑君之世，虽远于古，而岑君之化转为高于古也，然则时无古今，亦以其政为古今矣哉。

许荆守桂阳。有兄弟争财互讼者，荆叹曰：『荷国重任，而教化不行，咎在太守。』遣吏上书陈状。于是兄弟感泣，各求受罚，一郡化之，率归礼让。

金孝章氏曰：兄弟争财，此家之大不祥也；以争财而互讼，此国之大不祥也，而致此者谁乎？反躬自责，庶几得弭救之本矣。后世且有因之以为利者，则吾惑焉。

郭伋牧并州。所至问民疾苦，聘求耆德，设几杖之

不失为君子。无二公之德操者，幸勿藉为口实。

何敞守汝阳，厌俗吏以苛刻求名誉，故在职以宽和为政。立春日，分遣儒术大吏，案行属县，显孝弟有行义者。及举冤狱断以《春秋》大义，百姓咸服其化，推财相让者二百余人。

潘鳞长氏曰：为吏当先辨雅俗之分，苛刻求誉者，俗吏也；儒术化导者，雅吏也。雅俗辨而趣向正，譬如种瓜得瓜，种豆得豆，自其根株定之矣。

徐栩少为狱吏，执法详平。为小黄令，时陈留遭蝗，野无生草，过小黄，飞逝不集。刺史行部，奏栩不治，栩弃官。蝗应声至，刺史谢过，令还，蝗即飞去，人以为德化所感。

潘鳞长氏曰：蝗之为害也，比于酷吏，而吏之为害

于民也，其卷土之贪更残于蝗。何也？刺史诬栩以不治而蝗即至，刺史谢过而蝗即去，则是蝗之去来，似惟恐栩受其诬而为之行止焉。今者民稍知过，而为令者全不为之别白，即明知其冤矣，而犹然囊橐之是润，不又更残于蝗哉？

祝良令雒阳。是岁亢旱，天子祈雨不得。良暴身阶庭，告诚引罪。自辰至午，紫云沓起，甘雨登降，人为之歌曰：『天久不雨，蒸人失所。天王自出，祝令特苦。精诚感化，滂沱德雨。』

潘鳞长氏曰：《祈雨疏格》云：『旱既太甚，神谢人求，默遣示曰：我观下土，富不泽贫，贵不泽贱，甚者亲不泽亲也，在在谁非旱境？我观众生，贫难求富，贱难求贵，甚者亲求亲也，人人谁肯应求？平等相求，尚多不

食民。今日封使君，生不治民且食民。生不治民死食民，民祝使君但长生。生且食民死奈何，虎而无已奈君何？』

此余向者有感之言，偶因谈虎，附录一笑。

吴祐相胶东，政尚简静，以身率物，吏民德之。啬夫孙性私负民钱，市衣以进父，其父怒曰：『有君如是，何忍欺之？』促令伏罪。祐屏左右问故，性具述父言，祐曰：『掾以亲故，受污辱之名，所谓观过斯知仁矣。』使归谢其父，还以衣遗之。有安丘长遇醉客辱其母，长杀之，自安丘亡命入胶东，为吏所执。祐问长有妻子乎？曰：『有，但未有子也。』即移书安丘，逮长妻使侍狱中，妻遂孕。至冬将刑，乃啮指吞之，含血谓妻曰：『幸而生子，当以吴名，言我吞指为誓，属儿以报府君也。』

潘鳞长氏曰：孙性为父受赃，丘长因母行杀，情固

可原，法实难宥，此处最费调亭。吴君婉转施恩，宜生死啣结也。

戴封令西华。邑苦蝗，自封下车，蝗皆出境。岁旱祷雨不获，封积薪自焚，火起雨注，远近德之。

谅辅为广汉掾，太守祈祷无应，辅于是积薪自焚，未及日中，大雨，人咸称其德赐。

潘鳞长氏曰：旱潦之权，虽主之自天，未易于泽，然惟实心为民，如戴封、谅辅其人者，诚祷不获则继以积薪自焚，故烟起霖澍，要皆精诚之至，天亦不能冥然无应也。若其中未能无私，稍参以媚民媚上官之意，即与奉行故事者等耳，纵劳攘，何益乎？虽然，封令百里，以百里之旱，祷而不应，焚以尽吾职可也。谅辅特一郡掾耳，一郡之旱，太守责焉，辅乃毅然积薪祷之，更可嘉也。彼膺

太守之任者，当无事之时俸禄太守也，尊严太守也，适有灾旱，则无毫发之功以回天意，是曾掾吏之不如也。噫！

王祥为徐州别驾，郡人歌曰：『海沂之康，实赖王祥。邦国不空，别驾之功。』政化大行。

潘鳞长氏曰：祥之至孝超卓，不事清谈，又有政事之才，后用为公辅，真可以表帅天下。惟当魏晋革命之际，初无一言而亦随众拜迁也，君子惜之。至如石苞、贾充、王沈之徒，奚足责哉？按：祥事继母至孝，起为三公，人所知也。祥弟览，乃继母所生，每与祥代劳。母尝以酒毒祥，览辄取饮，母惊，乃覆之。览妇亦与祥妇均苦役，卒能调和母子如一。人知祥之孝，而不知览之悌，乃所以为孝也。可见为王祥之孝子固难，为王览之悌弟，更自不易耳。

王羲之守永嘉，治尚慈祥，民安讼息，暇乘五马出游。郡人感其德政，慕其丰采，尝自南郭放舟至平阳隅，藕花百里，父老争携壶浆相候。又东土饥荒，羲之开仓赈贷。朝廷赋役繁重，吴会尤甚，每上疏争之，事多见从。

潘鳞长氏曰：余读王逸少与会稽王笺，及遗殷深源、谢安石等书，如所论时事，暨保江漕运之宜，颇会文切理，使朝廷能用之，其所意向与夫表见于后世者，恐不独在山水翰墨间也。世之抱奇而不得展其用，如逸少者不少矣，故为之阐幽云。谢万为豫州都督，逸少遗诫曰：『以君迈往不屑之韵，而俯同群辟，诚难为意。然所谓通识，正在随事行藏，乃为弘达。愿君每与士之下者同，则善矣。食不二味，居不重席，此复何有，而古人以为美谈。济否所由，实在积小以致高大，君其存之。』读此一书，则逸少岂非晋士之杰然者与？而当时用之，不尽其才，致令徒著称于翰墨，无怪乎违方易任、殷长源之徒至于蹙国丧师也。

萧憺判荆州。江水败堤，憺将吏冒雨修筑，或请少避，憺曰：『王尊欲以身塞河，我独何心哉？』言甫毕，而水退堤立。是岁，嘉禾生，一茎六穗。

刘竺守庐陵二载，民歌曰：『公家无负租，私室有余粟。』每行县，则白鹿随事。

潘鳞长氏曰：能为民御灾捍患者，必不至以灾患遗民；能使民有余粟于私室者，公家必无逋税。嘉禾、白鹿亦感召自然之符，曷足异乎？

王志为宣城内史，清谨有恩惠。郡人张倪、吴庆争田，终年不决。志到官，父老相谓：『何忍负王府君德政耶？』二人感悟，请以所争之田为闲田。后守东阳，政尤卓异。

潘鳞长氏曰：吾闻善甄陶者，无有不可埏之土；善制器者，无有不可断之木，则善为政者，无有不可化之俗也。观宣城之民，始而奋争，既闻父老有『不忍负王府君』语，则感悔之，至相让以为闲田。古所谓教不肃而成，政不严而治，王宣城其庶几乎？

虞愿守晋安。郡人不事生业，前政与百姓质录其儿妇以去，愿悉赎还，督令务农。郡出蚺蛇为药，有以蛇遗愿者，愿令放之二十里外。一夜蛇复还床下，又送四十里外，经宿复归，论者为仁德所感。

潘鳞长氏曰：上古鸟之巢，可俯而观，彼将避蛇鼠之祸，谓斯人为可恃也。至于人不足恃，而其祸更烈于蛇鼠矣。愿能推不质录人儿妇之心，及于物类，斯所谓仁民而爱物者也。若夫政猛于虎，而好行小惠，犹之不用恩焉。权然后知轻重，是在有心人尔。

褚翔少有孝行，仕梁武，为义兴守。在政洁己，省烦苛，去游费，百姓安之。郡西亭有古树枯死，翔至郡，忽更生枝叶，咸称善政所感。

金孝章氏曰：事必有本，本之未笃，而涂饰于枝叶，犹剪彩为花耳，其去枯树几何？翔惟少有孝行，故能在政洁己，惟洁己故能省烦苛，去游费。不然，百姓未易安之也。

魏德琛（深）先为贵乡长，迁馆陶，贵乡父老诣阙请留，诏许之。馆陶民后诣部使者相讼，依诏断从贵乡。于是馆陶民徙居贵乡者半，其感人如此。

潘鳞长氏曰：后世为官长移任者，惟虑不得并其地载去耳，然未有其民徙而从之者也。盖其民于其未来则相愁，既去则相乐，此既相乐，安知彼不又相愁乎？今日之为民亦太难矣。

苏琼守清河，性清慎，而饮人以德。有沙门道研，积资巨万，在郡多出息，守令每为之征。及谒，琼知其意，每见则谭世外事，道研惟为债数来，无繇齿及。研弟子问其故，曰：『我每见苏府君，径将我入青云，无可论地上事。』师徒归，遂焚券。

潘鳞长氏曰：吾乡梅少司马衡湘，初令固安。固安多中贵，狎视令长，公平气以待。有中贵操豚蹄饷公，乞为征负，公为烹蹄设饮，使召负者前诃之，负者诉以贫，公叱曰：『贵人债敢以贫辞乎？今日必偿，徐之，死杖下矣。』负者泣而去。中贵意似恻然，衡湘觉之，乃复呼前，蹙额曰：『吾固知汝贫甚，然无如何也，亟鬻而子与而妻持镪来。虽然，吾为汝父母，何忍使汝骨肉骤离？姑宽一日夜，归与妻子诀，此生不复相见矣。』负者闻言愈泣，中贵亦泣，辞不愿征，为之破券。观此可见天下事有机，语有会，即息争宥罪亦自有时，不必强也。一以有心而佯为不理，与之谭世外事；一急为之释，而迫切其事，使聆者不疑。盖人虽暴，顺其暴而感之则慈生；情虽急，因其急以促之则念转，此洛阳生不解其故而徒多痛哭流涕以致贬也。善乎太史公曰：『谈言微中，可以解纷。』苏、梅二先生其深得之矣。不然，一缁秃之僧，一刑余之人，盖惟利是窟，信非二公于谭笑杯酒间动之，何以使之焚券辞征哉？是二公者真可法也。

豆卢勣拜渭州刺史，有惠政，华夷悦服。乌鼠山，俗呼为高武陇，其下渭水所出。其山绝壁千寻，繇来乏水，诸羌苦之。勣马足所践，忽飞泉涌出。有白乌翔止厅前，乳子而后去。又有白狼见于襄武。人为之谣曰：『我有丹阳，山出玉浆。济我华夷，神乌来翔。』百姓因号其泉曰玉浆泉。

潘鳞长氏曰：凡为刺史者生祠可建，去思碑可立，独神泉异物未可辄致，苟非其人，则将赋硕鼠矣，歌黑乌矣，又进而叹曰：『池之竭矣。』人可不思其故乎哉？

房景远为齐州主簿，多惠政。景远平生重然诺，好施与，岁祲设粥通衢，存济甚众。平原刘郁经齐、兖之境，忽遇劫，杀至数十余人，郁呼曰：『与君乡近，何忍见杀？』贼曰：『若乡里亲亲是谁？』郁曰：『齐州房主簿是我姨兄。』贼曰：『我食彼粥得活，何忍杀其亲？』遂还郁衣物，且蒙活者二十余人。

潘鳞长氏曰：观郁之得免，则姨兄好行德，尚犹可恃，况自行其德乎？诗云：『民之失德，乾糇以愆。』可深长思也。人亦勉为其可恃，与夫可以为人恃者耳。不然，出乎尔者反乎尔，将有并累其亲者矣。曰存济甚众，曰蒙活者二十余人，可以观天道焉。

王义方贬吉安丞，道经南海，舟师持酒脯请福，义方酌水誓曰：『有如忠获戾，孝见尤，四维廓氛，千里安流。神之听之，无作神羞。』是时盛夏，涛雾蒸涌，既奠，天忽开霁，人壮其诚。

潘鳞长氏曰：义方淹究经术，性謇特，举明经，诣京师。客有徒步疲于道者，言父『宦远，今病将革，欲往省，困

不能前。』义方即解所乘马遗之，不告姓名而去，由是誉振一时。补晋王府参军，魏征异之，欲妻以侄女，辞不许。俄征卒，乃娶。人问其故，曰：『初不附宰相，今感知己也。』后为御史，买第，后数日，爱庭中树，复召主人曰：『此佳树，得毋欠偿乎？』复予之以钱。其廉而不贪类此，宜乎酌水誓神而天忽开霁也，誓词读之亦使人凛凛生忠孝之感。

薛逢刺巴州，父老歌曰：『日出而耕，日入而归。吏不到门，夜不掩扉。有孩有童，愿以名垂。何以字之，薛孙薛儿。』

潘鳞长氏曰：德泽及民，民有或讳其名者，或传其姓者。讳其名，以示勿亵尊之也；传其姓，以识勿忘亲之也。尊亲备而父母之义全，则是父母之名亦可以无忤矣。

狄仁杰令昌平，有老媪泣诉虎害其子，仁杰移文吁神，未几，虎伏阶下。

李阳冰令缙云。岁旱，祷于城隍，约三日不雨，焚其祠。至期，雨果大降。秩满去，民卧辙梦号者数日。

金孝章氏曰：虎食其子而诉之，知令之必能为民去害也；不逾约而雨至，不忍负其诚以自辱也。夫为令者，至使物服其罪，神不旷职，此岂徒意气有以摄之者耶？

陆长源刺建州，民沐其德，歌曰：『令我家不分，令我马成群，令我稻满囷，陆使君！』

潘鳞长氏曰：是歌可谓真实无伪矣。观其『令我家不分』，则使君一敦伦长厚君子矣；『令我马成群』，则亦仁民爱物之君子矣；『令我稻满囷』；则亦廉洁自好之君子矣。君子哉！其若人乎？

韦皋治蜀二十一年，屡著战功，善拊士，凡婚嫁死丧皆厚资之。蜀人德焉，过其祠，见遗像必拜，凡刻石著皋名者，皆镵其文尊讳之。天宝时，李白为《蜀道难》以斥严武；至是，陆畅为《蜀道易》以美皋焉。

潘鳞长氏曰：以余观蜀人之德韦公也，见其像必拜，尊其名勿刻，则其德民之意，岂非于此二十一年间，屡著战功，厚资其婚嫁死丧而不懈者乎？陆畅反《蜀道难》以美之，其为感也深矣。今人过不肖者之祠，则必指之而詈；见其名，亦必泥涂而石击之，视青莲之斥严武，犹其浑厚者耳。嗟夫，直道在人，盖千古一致哉！

韩愈刺潮州。既视事，询吏民疾苦，皆曰：『郡湫水有鳄鱼，其长数丈，食民畜产将尽。』愈即作文一道，投之湫水，限鳄鱼三日率丑类南徙于海。』是夕，风雷大震，湫水尽涸，西徙六十里，自是潮无鳄鱼之患。迨宋时，陈尧佐判潮州。民有子与其母濯于江，鳄鱼尾而食之，母弗能救，尧佐命吏拏舟操网往捕。鳄至暴非可网得，至是鳄就网，人惊异之，以为德政所致。

潘鳞长氏曰：兽之害人者虎，鱼之害人者鳄，此物性之至暴而难驯者也。狄梁公移文吁神，而食媪子之虎伏其阶；韩文公文投湫水，而鳄率丑类以徙于海；陈希元又能令操网捕鳄，而除其害，不尤异于文公乎？虽然，无以异也，诚能格物，不则，圣经所谓天地参，则近诞矣。

田仁会为平州刺史，岁旱，自暴以祈雨，而雨大至，谷遂登。人歌曰：『父母育我兮，田使君，挺精诚兮上天闻，中田致雨兮山出云，仓廪实兮礼仪申，愿君常在兮不患贫。』

金孝章氏曰：余每见岁旱祈雨，用许多僧人道士，县官则朝至一拜而已，殊觉无谓。若田君之祈者，庶几近之，歌亦敦雅，可追汉洛阳令，及崔瑗、吴资诸格。

贾敦颐数历州刺史，性廉洁，每出车，一乘〔弊〕甚，羸马绳羁，道上人不知其为刺史。初为雒州司马，有惠政，雒人为刻碑大市旁。弟敦实后为雒州长史，亦宽惠，人心怀向，复为立碑其侧，号棠棣碑。敦实病笃，子孙迎医，止之曰：『未闻良医能治老也。』

潘鳞长氏曰：碑名新甚，亦典甚。观此，则凡世之身都贵要不能化其顽弟兄，与夫并通仕籍，而有愧于难兄弟者，皆可以感矣。厥弟不肯医老，其言更达，则是序齿录不必隐年，乌须药可废，而日暮犹行不止者，亦可以稍息矣。何至老马为驹，遗刺诗人乎？

麹信陵令舒州，尝为《祷雨文》略云：『必也私欲之求，行于邑里；惨黩之政，施于黎元，令长之罪也，神得而诛之，岂可移于人而害其岁？』焚毕两澍。既卒于官，百姓留葬邑境，祠之。

潘鳞长氏曰：天不离人，人能悔过，呼吸可通，故汤以六事自责，遂回天心；麹信陵亦能返躬自罪，故疏焚而雨即至。今世不量力度德，而徒假手于一二三无行僧道之祝文，以仰千大造，灾恶得而不愈甚矣乎？欲修祷雨之政，当以麹信陵为法焉。

司空图《移雨神》云：夏满不雨，民前后走神所，刲羊豕而跪乞者凡三，而后得请，民大喜，且将报祀，愚独以为惑。何者？天以神乳育百苗、谷。必时既丰，然后民相率以劳神之勤于事而祀焉。今始悭其施，以愁疲民，是

神怠天之职也；必希民之求而遂应，是神玩天之权也；既应而俾民输怨于天，归惠于己，是神禳天之德也。推怨何以为义？利腥腻之馈，何以为仁？怠上天之事，何以为敬？蒇是数者，何以为神？假曰：非吾所得颛，然知民之情而不时请于上。是亦徒偶于位，此愚所以惑也。噫，天意不可终慢，民不可久侮，窃为神危之，奈何？

欧阳修祈雨五龙庙

其略曰：百里之地，一时不雨，则民被其灾者数千家。然则水旱重事也，天之庇生斯民者，岂欲轻为之乎？不幸而遭焉，则归其说于二者。一曰吏之贪，不能平民，而使吁怨之气干阴阳之和而然也。一曰凡山川能出云为雨者，皆有神以主之，以节丰凶，而为民之司命也。故水旱之灾，不以责吏，则以告神。呜呼，民不幸而罹其灾，吏

与神又不幸而当其事者，以吏食其禄而神享其祀也。今岁旱矣，令虽愚矣，尚知恐惧奔走，神至灵也，得不动于心乎？

祭桓侯文

略曰：农之为，岁亦劳矣，尽筋力，勤岁时，数年之耕，不遇一岁之稔，稔则岁赋科敛之不暇，有余而食，其得几何？不幸而水旱，则相枕为饥殍。夫丰岁少，而凶岁多，今麦已登，粟与稻之早者民皆食之矣。秋又大熟，则庶几可以支一二岁之凶荒。岁功将成，曷忍败之？今晚田秋稼，将实而少雨，雨之降者频在近郊，山田僻远皆未及也。惟神降休，宜均其惠而终成岁功。神生以忠勇事人，威名震于荆楚，没食其土，民之所宜告也。

东坡祷雨磻溪文

岁秋矣，物之几成者待雨而已。穟者已秀，待雨而实，三日不雨，则穟者不实矣。荚者已孕，待雨而秀，五日不雨，则荚者不秀矣。野有余土，室有闲民，待雨而耕且种，七日不雨，则余土不耕，闲民不种矣。穟者不实，荚者不秀，余土不耕，而闲民不种，则守土之臣将有不任职之诛，而山川鬼神将乏其祀。兹用不敢宁居，斋戒择日，且并走群望，而精诚不歆，神不顾答，吏民无所请命。闻之曰：『虢有周文武之师太公，其可以病告。』乃用大祲之礼，祷而不祠。谷梁子曰：『古之神人有应上公者，通乎阴阳，君亲帅诸大夫道之而以请焉。』夫生而为上公，没而为神人，非公其谁当之？《诗》曰：『维师尚父，时维鹰扬。凉彼武王，肆伐大商。』会朝清明，公之仁且勇，计其神以识吏之愧也。

郭子章知潮府祈雨太湖文

考之《月令》仲春之月，雷始发声，始电，季春之月，甘雨至三旬。今二月不雷，三月不雨，守大惧。顾业已与诸生约讲艺武场，又惧雨为污，先期祷于城隍，六日较艺，为士也，幸无雨。七日乞泽，为农也，幸无霁。至期俱如约，守谓可以逃于戾矣。八日以厉祭，出视原野，田亩瘠亢，桔杆纷纭。守复大惧，岂讼牒蓄与？则下令：自守到任前二年讼者，置勿问。岂囹圄冤与？则下令：出郡邑囚者若干人。岂方春禽兽杀伤过侈与？则下令：禁屠酤。岂催科勤与？则下令：自京料完者姑停征。乃竟不雨，岂守之罪有出于此数者外而守不省欤？若然，罪在守者，民又何辜？城隍与守，朔望相临，苟可谴守，何必

厉民？岂城隍所司者，又不专在雨泽与？访之父老，会言潮境，神司雨露，自昔韩公有祷辄应。守敬遣官告之于神：守以一身之罪，付之城隍；而以万民之命，请之太湖。守之望不逮韩公，而为潮守一也；神之灵赫于有唐，而视今潮民一也。若泽于唐靳于今，守即自分不足格神，民亦憾神不足泽物，岂曰守罪？亦神之羞，神亟图之。

刘轲农夫祷

农夫谨达精诚于明神：吁嗟，我耕食之人，谁非土之人？人之有求，神得不以聪明正直听之耶？曩者仍岁荐饥，人为鳏嫠，田无耕夫，桑无蚕姬，疠疫疮痍，一方犹危。踵以吴、蜀弄兵，吏呼其门，殴荒余之人，挟弓持戟，女子生别，行啼走哭。王师有征，群盗继诛，乃归其居，乃复室庐，庐坏田芜，亦莫蠲其租。今之收合余烬，人有其力，

潘鳞长氏曰：钟君买婢而得前令之女，悲之，谓义不可久辱，且必辍己女之奁资，先为择婿，斯真千古义士矣。许君亦必得前令之女为己子配，且复钟书有『何自专仁义』之语，斯固有感于钟君之义，然要知义不可辱，许君亦自不能已矣。嗟嗟，今之分属故旧、义切同堂者，尚坐视其子女之颠沛而不救，视二君不当愧死无地耶？每见世人求亲择配不论世德，止论门楣；不祈女范端凝，止祈妆奁丰厚，于是富贵之家，今夕分娩而诘朝已说亲矣。倘或事出意外，如前令之家忽尔萧条，如前令之女若斯流落，其懊恨不可胜言，岂有辍己女之资而先为择婿者乎？岂有舍现在邑宰之女不娶而娶一沦落故宰之女者乎？钟、许两君固不可及，观此则是女又得为义令之媳，亦足征前令为善之报矣。

金孝章氏曰：人常以他人境地设身自处，则胸怀自宽，必无己甚不情之事。前令身死家破如此，此人之所以为大不祥，而讳不愿闻者也，然焉知我之不即为前令乎？《大学》论絜矩必以上下前后左右为衡，而以恶概之，真万世平情之方也。

米芾知无为军，会岁大旱，遣吏捕蝗甚急，有邻邑忽移文责之，谓吏驱蝗入境。芾即取来牒，大书其尾云：『蝗虫本是天灾，不繇人力挤排，若是敝邑遣去，敢烦贵县发来。』是岁蝗入无为，不伤禾，民甚德之。

潘鳞长氏曰：邻邑移文相咎，自是不明理之人，若必认真与之论辨，徒增其恚。元章牒尾批词，似谐实达，彼褊衷忮懻者，亦可以一笑自宽矣。

蔡洸知镇江府，会西溪卒积屯建康，舳舻相衔。时久旱，郡民筑陂潴水灌溉，漕司檄郡决之。父老泣诉，洸曰：『吾不忍获罪百姓也。』却之。已而大雨，漕运通，岁亦大熟，民歌之曰：『我潴我水，以灌以溉。俾我不夺，蔡公是赖。』

潘鳞长氏曰：大都获罪百姓者，固出于敢，亦先繇于忍，忍斯敢，敢斯安之矣。夫能忍于获罪百姓者，必有所大不忍于他焉者也。忍与不忍之间，生杀祸福之所倚伏，亦歌讼怨谤之所，转移，可弗鉴诸？

袁韶父为郡小吏，给事通判厅，勤谨无失。年近五十无子，其妻出资往临安置妾。见妾以麻束发而饰以彩，问之，泣曰：『妾故赵知府女也，家四川，父殁，贫不能归，计鬻妾以归葬耳。』即送还之。其母泣曰：『计女聘财，犹未足归费，且用破矣，将何以酬汝？』徐曰：『贱吏不敢辱

娘子，亦不敢索原聘。』且倾囊助归。及旋家，妻问以妾故，曰：『吾无子命也，若有子，汝岂不育必待他人妇乃育哉？』妻大喜曰：『君设心如此，行当有子矣。』后生韶，官浙西制置使，大有惠政，赠太师越国公，此德报也。

金孝章氏曰：今之置妾者，往往有子后为之，大都为渔色计耳，即以无子故置妾，然或怼其妻不啻寇雠，致乖嫡庶之分；或在富室，则闲房别院怨妒萌生。夫和气致祥，若此者，祥则何繇降乎？且其设心，又未必真欲有子者也。果其以心为田，薰之蒸之，犹或灭裂而报，吾未见其人也。袁韶〔父〕对妻语最为透切。

汪纲提点浙东刑狱，祷雨龙瑞宫。有物蜿蜒，朱色，盘旋坛上者三日。纲曰：『吾欲雨以救民而已，毋为异以惑众。』言未竟，雷雨大至，岁大熟。

张宽令武陟，禾将熟，有蝗自东来，宽仰天祝曰：『宁杀县尹，毋伤百姓。』俄有黑鹰飞啄食之。

潘鳞长氏曰：蝗螟之生，大都感于虐政，天意以为虐政之害民与蝗螟之食苗无异，故与其留以济虐，曷若损之，俾有所感悟也。今之禳灾者，不于此挽回天意，而徒严驱捕之令，此策之最下者矣。试观张宽一仰天呼祝之间，俄群鹰为之啄食，谁谓天道不可恃乎？人亦可以幡然思耳。

金孝章氏曰：汪公志惟救民，识何正也；张公宁自受祸，情何恻也。繇汪之言，既能感雨，亦足醒物之痴惑；繇张之言，不独禳灾，且可动天之仁爱矣。